AF313128

Succession de M. le Comte de Bersy

TABLEAUX

Anciens et Modernes

Paris - 1894

IMPRIMERIE MAULDE et RENOU

——

A. MAULDE & Cie

IMPRIMEURS DE LA COMPAGNIE DES COMMISSAIRES-PRISEURS

Rue de Rivoli, 144. — Paris

Succession de M. le Comte de *O. Berny*

TABLEAUX ANCIENS

Écoles Française, Hollandaise et Flamande

TABLEAUX ANCIENS

Par Van Arthois, Breughel le Vieux
Charlet, Canaletto
Coypel, Dietrich, Ecsen, Géricault, Van Goyen, Grimoux
Gros, Heemskerk, Heim, Lahyre, Lawrence
Lefèvre, J. Van Loo, Mieris le Vieux, Mignard, Porbus
Poussin, Prud'hon
Ribera, J. Vernet et Zurbaran

TABLEAUX MODERNES

Par Corot, Cowerchel, Decamps
Fleury-Chenu, Japy, Jundt, Leprince (Léopold), Marilhat
Pelouse, Vincelet et Watelin

PASTELS, AQUARELLES, DESSINS ET GRAVURES

ANCIENS ET MODERNES

Par Barbier, Caresme, Carpeaux, David
Ducreux, Fragonard, Jeaurat de Berny, Meissonier, Portail
Tournières et J. Vernet

MEUBLES ANCIENS, OBJETS D'ART

Bijoux, Tentures

Succession de M. le Comte de E...

HOTEL DROUOT, SALLE N° 3
Les Jeudi 19 et Vendredi 20 Avril 1894

A DEUX HEURES ET DEMIE

Par le ministère de Mᵉ **Camille AUBOIN**, Commissaire-Priseur,
rue Sainte-Anne, 51

Assisté de **M. Georges SORTAIS**, Peintre-Expert,
rue d'Armaillé, 23

CHEZ LESQUELS SE TROUVE LE PRÉSENT CATALOGUE

EXPOSITION PUBLIQUE

Le Mercredi 18 Avril 1894, de 2 heures à 5 heures 1/2

ORDRE DES VACATIONS

Le Jeudi 19 Avril

TABLEAUX, PASTELS, AQUARELLES, GRAVURES

Le Vendredi 20 Avril

MEUBLES, BIJOUX, TENTURES, ETC.

CONDITIONS DE LA VENTE

La vente sera faite au comptant.

Les Acquéreurs paieront, en sus des adjudications CINQ POUR CENT applicables aux frais.

L'Exposition mettant le public à même de se rendre compte de l'état des Objets, il ne sera admis aucune réclamation une fois l'adjudication prononcée.

A. MAULDE et Cⁱᵉ, imprimeurs de la Compagnie des Commissaires-Priseurs,
rue de Rivoli, 144.   300—41670

MAITRES ANCIENS

—

ARTHOIS (Jacques D')

1 — Route à travers bois.

A la lisière d'une forêt, une route entre deux
bouquets d'arbres ; on aperçoit au loin deux personnages se dirigeant vers un château.

Bois : H. 0m24 ; L. 0m33.

BOULAND

2 — 1° Sur une route des Pâtres, conduisent
un troupeau de vaches et de chèvres, gardés
par un chien.

2° Ermine secourant Tancrède.

Deux pendants.

BREUGHEL (des paysans, dit le Vieux)

3 — Scène de pillage.

> Deux lansquenets armés jusqu'aux dents font
> irruption dans une cour de ferme ; ils ont déjà
> renversé une paysanne, d'autres villageois s'avan-
> cent armés de fourches et d'ustensiles de toute
> espèce pour riposter à l'attaque des bandits.
> Important et ancien tableau.

Toile : H. 1^mo5; L. 1^m44.

BREUGHEL

4 — Christ à la colonne.

> Après la flagellation, le Christ agenouillé ramasse
> sa robe pour s'en revêtir.

Cuivre : H. 0^m20; L. 0^m26.

BREUGHEL (dit le Vieux)

5 — L'Hiver.

> Sur la rivière, un groupe de paysans occupés à
> briser la glace ; plus loin une maison attenante à un
> pont, vers lequel se dirigent d'autres groupes, sur
> la rive droite, un charretier conduit une voiture
> chargée de bois: çà et là des paysans, au fond
> quelques chaumières.

Bois : H. 0^m23; L. 0^m3o.

CHARLET (Nicolas-Toussaint)

6 — Combat d'Arcis-sur-Aube.

> Un obus éclate dans les rangs; la garde hésite un instant; Napoléon alors dirige son cheval vers l'obus et ramène ainsi le courage de ses soldats un instant ébranlé.

Toile : H. 0m80; L. 1m05.

CANALETTO (Antonio)

7 — Spectacle offert à la Grande Duchesse de Russie dans le très noble théâtre Saint-Benoist, sous la direction d'Antonio Mauro, peintre-architecte et perspecteur du même théâtre qui en était l'inventeur.

> Ce tableau est gravé.

Toile : H. 0m08; L. 0m92.

COYPEL (Antoine)

8 — Arrivée de Renaud dans les jardins d'Armide.

> Dessus de porte.

Toile : H. 0m64; L. 0m05.

DIETRICH (Christian-Guillaume-Ernest)

9 — Portrait de l'Artiste.

> Il s'est représenté de face, assis à une table, la main gauche posée sur une tête en platre, dans l'attitude de la démonstration ; dans sa main droite une palette et des pinceaux ; sur la table, des vessies, une fiole et son appuie-mains.
>
> Bois : H. 0^m24 ; L. 0^m20.

EISEN (François)

10 — Mercure défend l'entrée du temple de l'Amour.

> Peinture vernis Martin.
>
> H. 0^m53 ; L. 0^m48.

GOYEN (Jan van)

11 — Combat naval.

> Un bâtiment de guerre portant pavillon hollandais est pris entre deux navires étrangers, il tire ses canons à babord et tribord ; l'un d'eux, désemparé, fait eau et va sombrer, des marins se sauvent à la nage.
>
> Très habile peinture.
>
> Bois : H. 0^m40 ; L. 0^m66.

GÉRARD (École de François)

12 — La Muse Euterpe enseigne son art à l'Amour.

Panneau décoratif.

Toile : H. 1m80; L. 1m03.

GÉRARD (Attribué à François)

13 — Les Dieux de l'Olympe.

Projet d'un plafond.

GÉRICAULT (Théodore)

14 — Têtes de Chanteurs.

D'après le Valentin.

Toile : H. 0m34; L. 0m36.

GÉRICAULT (École de Théodore)

15 — Cheval rouan à l'écurie.

GÉRICAULT (D'après Théodore)

16 — Chevaux bais à l'écurie.

GRIMOUX (Alexis)

17 — L'Heureuse famille.

Une mère s'appuie de la main gauche sur un banc de pierre et donne le sein au dernier né ; derrière elle se tient son second enfant, tandis que l'aîné, en robe blanche, debout, sur le banc de pierre, tient le bras tendu, un jouet dans la main.

Toile : H. 1^{m}70 ; L. 1^{m}35.

GROILLY (De)

18 — Environs de Harlem.

GROS (Le Baron Antoine-Jean)

19 — La Naissance du Comte de Chambord.

Toile : H. 0^{m}46 ; L. 0^{m}55.

HEEMSKERK (Martin)

20 — Les Jardins d'Armide.

Renaud s'est endormi dans les bras de l'enchanteresse Armide, qui recommande le silence à une suivante qui se tient derrière elle ; plus haut, à droite, des soldats semblent discuter ; sur le haut de la colline, un capitaine à cheval et ses soldats attendent le retour de l'imprudent chevalier.

Bois : H. 0^{m}75 ; L. 0^{m}65.

HEIM (J.-François)

21 — Loth fuit devant Sodome.

Toile : H. 0ᵐ33 : L. 0ᵐ33.

HONTHORST (Attribué à Gérard)

22 — Portrait d'Homme en armures.

KESSEL (Van)

23 — Animaux et Oiseaux de toutes espèces dans un paysage.

Bois : H. 0ᵐ30 : L. 0ᵐ39.

LAHYRE (Laurent de)

24 — Jésus guérissant un aveugle.

Dans un grand paysage, près d'un bouquet d'arbres, Jésus s'avance, entouré de ses disciples, vers un aveugle, lui touche du doigt les paupières et lui rend la vue.

Toile : H. 1ᵐ10 : L. 1ᵐ72.

LANCRET (École de Nicolas)

25 — La Mort du bien-aimé.

Bois : H. 0ᵐ42 : L. 0ᵐ32.

LANDOW

26 — Portrait d'un cheval : Le Sublime, du haras
de Monseigneur.

LAWRENCE (Sir Thomas)

27 — Portrait de Femme.

> Vue de trois quarts à droite, la tête souriante
> presque de face, gracieusement inclinée sur l'épaule
> droite : elle porte les cheveux courts et frisés.
> Très spirituelle peinture.
>
> Toile : H. 0ᵐ42 ; L. 0ᵐ35.

LEFÈVRE (Robert)

28 — Portrait de la duchesse de Bassano.

LOO (Jacques Van)

29 — Portrait d'un Gentilhomme.

> Vue de face, il est revêtu d'un riche manteau de
> velours rouge galonné d'or : la main gauche en
> retient les plis.
>
> Toile ovale : H. 0ᵐ80 ; L. 0ᵐ63.

MIERIS (Franz Van, dit le Vieux)

610 30 — La Lettre.

A la lueur d'une chandelle une jeune femme coiffée d'une toque de velours rouge, les épaules couvertes d'une étoffe brune, est accoudée à une table devant l'écritoire; elle semble réfléchir au sujet de la lettre qu'elle se dispose à écrire.

Très fin tableau du maître.

Bois : H. 0m16; L. 0m12.

MIGNARD (Pierre)

140 31 — Vénus sortant des ondes.

Dessus de porte fond d'or.

Toile : H. 0m65; L. 1m.

PORBUS

32 — Portrait d'homme vêtu d'un pourpoint noir.

Bois : H. 0m24; L. 0m20.

POUSSIN

62 33 — La Femme adultère.

Reduction.

PRUD'HON (Pierre-Paul)

34 — Portrait de l'Impératrice Joséphine à la Malmaison.

Debout et de face, l'Impératrice, les bras nus, la main gauche légèrement posée sur un guéridon, tient dans la main droite son éventail et son mouchoir; elle est vêtue d'une robe décolletée à transparent blanc pailleté d'or, surmontée d'un manteau de velours rouge à traine; derrière elle, une négresse soulève une draperie verte à franges d'or, qui laisse apercevoir un temple qu'abrite un bouquet d'arbres.

Peinture d'une tonalité éclatante.

Toile : H. 0m32, L. 0m24.

RAOUX (Genre de Jean)

35 — Portrait de Femme.

Elle est vue de face, vêtue d'un corsage rouge décolleté, draperie flottante en satin blanc à revers mauve; elle tient des fleurs dans la main gauche et puise de la droite dans une corbeille que tient un enfant à ses côtes.

Toile : H. 0m85; L. 0m70.

RAPHAEL (D'après SANZIO)

36 — La Vierge, l'Enfant Jésus et Saint Jean.

Toile : H. 1m29; L. 0m92.

RIBERA (Dit l'Espagnolet)

37 — Tête de Moine en prière.

ROBERT

38 — La Mort emporte l'Amour.

Deux pendants.

ROGER

39 — Sujet tiré de l'*Histoire romaine*.

STELLA (Jacques)

40 — Paysages animés.

Deux pendants.

C. B. S.. Toile : H. 0m76; L. 1m

VERNET (Joseph)

41 — 1° Vue d'un Port.

Au premier plan, des pêcheurs et leurs compagnes tendent leurs filets, d'autres amènent des barques ; au centre, un bâtiment anglais mouille dans le port ; plus loin la jetée.

Toile : H. 0m57; L. 0m74.

2° Vue d'un Port.

D'après Vernet.

UTRECHT (Van)

18 42 — Oiseau à plumage multicolore dans un
paysage.

Toile : H. 0m38; L. 0m43.

VERNET (École de)

43 — Une Tempête dans la Méditerranée.

Des marins sur la berge s'efforcent de sauver un
bateau désemparé.

ZAMPIERI (d'après DOMINIQUE)

44 — Le Triomphe d'Othon III.

ZURBARAN (FRANCISCO)

45 — Les Disciples d'Emmaüs.

Jésus prouve à deux de ses disciples que le Fils
de l'Homme est ressuscité, il prend le pain, le
rompt.....

Toile : H. 1m30; L. 1m50.

ÉCOLE FLAMANDE

46 — Moine sonnant les Matines.

ÉCOLE FRANÇAISE

47 — Tête de Tigre.

ÉCOLE FRANÇAISE

18 48 — Portrait de Stanislas, roi de Pologne.

ÉCOLE HOLLANDAISE

49 — La Rentrée du Troupeau.

> A la nuit tombante, des pâtres reconduisent leur troupeau, composé de vaches, chèvres et moutons, sous la garde d'un chien ; à gauche, un portique en ruines et une chaumière couverts de feuillages ; à l'arrière-plan, sur la droite, un village appuyé à une colline ; des montagnes s'étendent au loin.
>
> Tableau d'un précieux fini.
>
> Bois : H. 0m66 ; L. 0m85.

ÉCOLE HOLLANDAISE

28 50 — Un Bœuf rumine près d'un taillis.

ÉCOLE ITALIENNE

60 51 — Le Port de Gênes.

ÉCOLE ITALIENNE

52 — Saint Antoine et son Cochon traversant la campagne.

ÉCOLE VÉNITIENNE

53 — Portrait d'Homme en pourpoint noir.

MAITRES MODERNES

—

COROT (Camille)

54 — Campagne de Rome.

> Vue d'une ville entre deux bouquets d'arbres que baigne une mare.
> Effet du soir.
>
> H. 0m25; L. 0m32.

COROT (Camille)

55 — Vue de Ville-d'Avray.

> Paysanne et chiens gravissant un chemin mon-tueux.
>
> Toile : H. 0m25; L. 0m32.

COWERCHEL

56 — Cheval blanc sellé.

DECAMPS (ALEXANDRE-GABRIEL)

57 — Une Nichée de Lapins.

Toile : H. 0m38 : L. 0m46.

DELATTRE

58 — Troupeau d'Anes à l'abreuvoir.

FLEURY-CHENU

59 — Marché en plein air.

JAPY

60 — Vue prise en Normandie.

JAPY

61 — Autre Vue prise en Normandie.

JUNDT (CHARLES)

62 — La Forge.

LEPRINCE (LÉOPOLD)

63 — Portrait d'un Colonel de la Garde natio-
nale.

MARILHAT

64 — Entrée d'un Village en Orient.

Toile : H. 0^m27 : L. 0^m40.

NOTERMANN

65 — Chien levrier blanc dans un paysage.

PELOUSE

66 — Route de Toville (Manche).

Bois : H. 0^m21 ; L. 0^m32.

ROZIER (Jules)

67 — Effet du soir.

VINCELET (Victor)

68 — Bouquet de Marguerites et Giroflées.

Bois : H. 0^m16 : L. 0^m22.

WATELIN

69 — Vaches se désaltérant dans une rivière.

PASTELS, AQUARELLES, DESSINS
ET GRAVURES

70 — **Barbier**. Paysage animé. Gouache.

71 — **Caresme**. Berger et Bergère sur l'herbe. (Gouache.)

72 — **Carpeaux** (J.-B.). Personnages attablés. Pierre noire.)

73 — **David** (J.-L.). Fragment du Serment du Jeu de Paume. Pierre noire.)

74 — **Ducreux** (Joseph). Portrait du baron Jacques de Menon, général en chef à l'armée d'Égypte. Il est vu de face à droite, vêtu d'un habit bleu galonné d'or, les revers en soie rouge ; il porte la perruque et le jabot. (Pastel.)

75 — **Cosway** (D'après Lady). Son Portrait à la pierre noire.

76 — **Fragonard** (Honoré). Couples se divertissant (Sepia.)

77 — **Géricault** (Genre de Théodore. Cheval effrayé par un lion. (Dessin pierre noire.)

78 — **Jeaurat de Berny**. Bateliers occupés dans un chaland. (Gouache.) (178?)

79 — **Latouche**. Deux Marines. (Pastel.)

80 — **Lemoyne** (D'après). Le Bain de Vénus.

81 — **Meissonier** (Ernest). Tête de Napoléon Ier, pour le tableau de 1814.

82 — **Portail**. Tête de Fillette de profil. (Dessin aux trois crayons.)

83 — **Pourcelly**. Grands Paysages aux bords de l'eau. (Gouaches.)

84 — **Prud'hon** (D'après P. P.). Têtes aux deux crayons.

85 — **Tournières**. Jeune Femme à sa toilette. (Sanguine.)

86 — **Vernet** (Joseph). Vue d'un Port. (Sépia.)

87 — **Wattier**. Une Ballerine. (Plume.)

88 — Deux Gravures en couleurs.

89 — Deux Gravures, Fragonard et Boilly.

90 — Gravure en couleur, Hubert Robert.

91 — Portraits de Charles Ier, Henriette de France Louis XIV, Maury. Van Dyck et Marie-Antoinette.

92 — Deux gravures : Port de Mer.

93 — Inconvénients du Voyage en Diligence, (Xavier, Leprince, 1826.

94 — Journée d'une Actrice, avec postface complet, par Wattier.

95 — Édition Lazerac et Duval, 1826.

96 — C'est de l'Or....... C'est de l'or, série de lithographies.

227

Lortic 39 — 6 vol. Journal des arts et modes années 1821 et 1822 complets

gran. de Mebach. chez Constbien Paris prix. &. D. v. bl.

Baronge 5.50 The Chouan par H. De Balzac Londres Brumot 1840
traduction anglaise Illustrations de Le Blant

13 — Œuvres complets complets de Florian vol in-12 d. del. dos mar., dos orn. Menard 1831
Illustrations de Floquet — 21 —

Mathias 22 — galerie de Shakspeare toile ornée de fil. titre doré en b. pl.

Lortic 26 — 97 — Six Cahiers Carosserie française. par Dufay six livraisons se suivant

Conpu 256 — 98 — *Chansons de Béranger*, Vignettes Baudoin,
Édition trois volumes, Illustrations par Henri Mon-
suite gra. par mommin Johanot de 33 figures
NIER,) cent Vignettes en noir et trente-trois en cou-
leurs, livraisons brochées, et trois par les illustrations Paris Perrotin 1833

Conquet 15 — almanach dédié aux Demoiselles Janet 1826 av. grav. et vign.

Lanvin 13 — Histoire de France d'Anquetil D. Furne j cie in-8, illustration

MEUBLES ET OBJETS D'ART

Le Charivari 10 ou 11e années, en 20 vol. rel. époque bon état. Dos veau.

Gr de 220 — (1832-1842) Illust. par mommin. garni. Daumier. etc (1er vol. non rog.)

Berny

99 — Grand Lit Renaissance, en bois sculpté à colonnes
cannelées, baldaquin entièrement sculpté, flanqué de
chimères, fronton à médaillon, médaillon central
représentant *Vénus sur les eaux.*

100 — Console en bois sculpté, sujet central : *Adam
et Ève.*

101 — Beau Coffret de mariage Louis XIV, avec sa
console en vieux laque de Chine.

102 — Belle et grande Jardinière japonaise ancienne,
en bronze, avec anses à mascarons grimaçants, mon-
tée sur pied en bois ajouré.

103 — Meuble de salon Louis XV, composé de huit
fauteuils et un canapé.

104 — Meuble de salon Louis XV, composé de six fauteuils et une bergère.

105 — Vitrine en bois sculpté, style Louis XVI.

106 — Cabinet du Tonkin, incrusté de nacre.

107 — Vase en bronze, du Japon.

108 — Table octogonale Louis XIV.

9 — Ste Cécile par Dom Guéranger, Didot pl. coul. et vign. noirs in vol in-4 ou gr in-8 f.d.

14 — Ste Vierge de maynard. Paris, Didot pl. coul. et vign. n. — cour. ornée d°. d°.

Baronge 8 — Jesus Christ par Louis Veuillot. Paris Didot d°. d°. — d°. d°.

D° 14 — Walter scott — Quentin Durward. trad. fre Didot gr. in-8 Illustrée d. rel. dos et coin
48. — mar.; d. n. n. d.

Lortic 95 — Manuscrit espagnol trois g.d. miniatures dont e représentant roi et reine d'Espagne, blasons.
et livre de noblesse (Don fernandez) texte encadré depot miniatures. couv velours rouge.

Lortic 29 — 2 vol. de musique manuscrit. Lulli. etc XVII siècle — rel. veau fauve ou plein tr. roug
in-8. Abong

1001.50

1001 f 50

A. yone 12 t — Histoire de la Défense de Paris par Ducrot. 5 vol. in 8.
Dekel mar. n. — avec les plans. D., dessin. fleurs etc. —
12 t — 4 vol { les cent nouvelles nouvelles 2 vol. } bonne reliure
{ 1er vol. poésie de musset 1867 6 ans }
{ gens qui sannsent par Guernik }
f. f 0 3 vol. illustré angl. { légende d'or de longfellow — éd. orig le } illustré bonne reliure
{ poésie de la grand maman }

109 — Fauteuil de bureau Louis XVI, canné, recouvert
en maroquin rouge.

110 — Deux Paires de Vitraux, sujets Renaissance.

111 — Beau Secrétaire Louis XVI, dos d'âne, à deux
corps, à glaces, à pans coupés et cannelures, en
acajou et citronnier.

112 — Secrétaire Louis XVI, à abattant, en acajou à
raies de cœur et cuivres.

113 — Secrétaire Empire, acajou et bronzes.

114 — Commode Empire, acajou et bronzes.

115 — Quatre Chaises cannées, en bois de fer ajouré,
style japonais.

116 — Paire de Chenets en bronze doré, Louis XIV,
sujet Sphynx, et Devant de feu, feuilles de lauriers,
finement ciselés.

117 — Garniture de cheminée Empire, composée d'une
Pendule, paire de Candélabres à trois branches et
deux Flambeaux en bronze doré.

118 — Paire de Chenets en cuivre ciselé, mascarons,
coquilles et autres ornements, surmontés d'une sta-
tuette de femme.

119 — Paire d'Appliques, sujet de fleurs, en bronze
doré.

120 — Une Bouillotte Louis XVI, à deux lumières, en
cuivre ciselé et doré.

121 — Bustes de Louis XV et de Marie Leczinska, sur
leur socle, en faïence blanche.

9 t — 4 grav. pour essais, par lajoue, Taudren. cochin

1.040 f x

122 — Soupière Louis XVI, en faïence blanche.

123 — Une Glace Renaissance, en bois sculpté et doré.

124 — Autre Glace Renaissance, à fronton d'Amour, en bois sculpté et doré.

125 — Glace Louis XVI, feuilles de laurier, d'acanthe et oves, en bois finement sculpté et doré.

126 — Importante Glace Louis XVI, à fronton, en bois doré, ornée de six plaques en biscuit, genre Wedgwood.

127 — Grand Plat Renaissance, oblong, en faïence italienne, décor : sujet de chasse.

128 — Ecureuil en porcelaine de Saxe.

129 — Vase Louis XVI, bronze et émail bleu, et petit Vase Empire polychrome.

130 — Bouteille chinoise, à double place décorée, ornements, oiseaux, fleurs et personnages.

131 — Paire de Candélabres Louis XVI, à trois branches, surmontés d'une flamme, ornements feuilles de laurier, perles et oves en bronze finement ciselé et doré.

132 — Cartel Louis XVI, en bois sculpté et doré.

133 — Écran Louis XVI, en bois sculpté, à feuille de brocart d'argent.

134 — Bronze représentant Rabelais, par DUMAIGE.

135 — Deux Portières et Lambrequin en tapisserie ancienne.

BIJOUX

136 — Une Montre en or Louis XVI, à fond émail gris de fer.

137 — Une Montre en or Louis XVI, rayons, enrichie de brillants et de roses. Fol au 15 20.

138 — Une Parure composée d'un Collier et Boucles d'oreilles, montés sur or, enrichis de brillants et de perles.

139 — Nombreux Meubles courants, Ustensiles de cuisine et de ménage, seront vendus à la fin de la vente.

140 — Objets divers non catalogués.